AF259575

RÉFLEXIONS

SUR UN PASSAGE

DE L'HISTOIRE DE LA VIE ET DES OUVRAGES

DE P. CORNEILLE,

PAR M. TASCHEREAU ;

Par M. A. FLOQUET,

GREFFIER EN CHEF DE LA COUR ROYALE DE ROUEN,
CONSERVATEUR DES ARCHIVES JUDICIAIRES.

ROUEN,

IMPRIMÉ CHEZ NICÉTAS PERIAUX,
RUE DE LA VICOMTÉ, Nº 55.

1831.

RÉFLEXIONS

SUR UN PASSAGE

DE L'HISTOIRE DE LA VIE ET DES OUVRAGES

DE P. CORNEILLE.

F ONTENELLE, dans la *Vie* qu'il nous a donnée de *Pierre Corneille*, son oncle, dit que Mélite, premier essai de ce poète immortel, fut représentée en 1625. D'autres écrivains, les frères Parfait entr'autres, dans leur *Histoire générale du Théâtre français*, fixent cette représentation à l'année 1629. M. Taschereau, dans l'*Histoire* qu'il a récemment publiée *de la Vie et des Ouvrages de Pierre Corneille*, se déclare hautement pour cette dernière opinion, et relève assez vivement Fontenelle, qu'il croit trouver en défaut. En assignant cette date à la première représentation de Mélite, l'oncle de

Corneille a commis, dit-il, une *erreur évidente*. En 1625, Pierre Corneille n'avait que 19 ans, et comment admettre qu'à cet âge il avait terminé ses études classiques, plus longues alors qu'aujourd'hui ; qu'il avait fini son cours de droit, s'était fait recevoir au barreau, et y avait, enfin, exercé la profession d'avocat ? *Cette première erreur*, continue M. Taschereau, aurait bien dû éveiller les soupçons des biographes qui venaient après lui, et les faire hésiter à ajouter quelque confiance à toute cette partie du récit..... Né cinquante-un ans après son oncle, Fontenelle n'avait recueilli, dans sa famille, que des traditions incertaines, que des souvenirs effacés, sur la jeunesse et les premiers essais de celui qui *de mauvais avocat devint poète immortel.*

Ainsi s'exprime M. Taschereau. Je dois me hâter de le dire, son ouvrage, résultat de recherches consciencieuses, est une nouvelle preuve du talent distingué qu'il avait déjà montré dans son *Histoire de la Vie et des Ouvrages de Molière.*

Mais, après avoir lu cette *Histoire de Corneille* avec un véritable plaisir, je n'ai pu m'empêcher de m'arrêter au fragment que je viens d'en citer. Je me suis demandé quelle si grande difficulté l'on pouvait trouver à admettre qu'à 19 ans Pierre Corneille fût reçu avocat? J'ai cherché en quoi cette supposition, implicitement contenue dans le récit de Fontenelle, *aurait dû éveiller les soupçons des biographes*, et les empêcher d'admettre la date qu'il assigne à la première représentation de *Mélite.*

En oubliant un instant que c'est de Pierre Corneille qu'il s'agit ici , et en supposant qu'il est question d'un jeune homme né avec des facultés ordinaires , on ne peut être étonné que ce jeune homme eût pu , à 14 ou 15 ans , avoir terminé ses études du collége , et à 19 ans être reçu avocat. A peine est-il besoin d'envisager un instant cette hypothèse , pour sentir que le fait supposé par Fontenelle , très possible s'il se fût agi de tout autre étudiant , devenait très probable lorsqu'il parlait de Pierre Corneille , et pour rester convaincu qu'il n'y avait rien , dans tout cela , qui dût *éveiller les soupçons des biographes* et leur inspirer de la défiance.

Mais, en s'efforçant de prouver que Fontenelle s'était trompé , M. Taschereau a lui-même commis une erreur assez grave : « Corneille , dit-il , à sa sortie du collége , passa aux graves études du barreau » ; rien de plus vrai ; mais l'auteur ajoute : « En décembre 1627 , ses parents lui obtinrent des lettres-patentes de dispense d'âge , pour exercer les fonctions d'avocat ». C'est ici qu'il y a une *erreur évidente.* Pourquoi Pierre Corneille , en décembre 1627 , aurait-il eu besoin de dispense d'âge pour exercer la profession d'avocat? Il avait alors 21 ans et 6 mois ; et , tous les jours , les parlements admettaient au serment , sans dispense , des licenciés qui n'avaient pas encore cet âge. La règle qui veut aujourd'hui qu'on ne puisse s'inscrire dans une faculté de droit qu'après 16 ans accomplis , n'existait pas. « *Autrefois* (dit M. Boucher d'Argis , dans son *Histoire*

(6)

« *abrégée de l'ordre des Avocats*, chapitre 7ᵉ), *l'âge pour*
« *être reçu au serment d'avocat n'était point fixé.* » L'époque
où vivait Pierre Corneille est certainement comprise
dans cette expression : *autrefois*, qu'emploie M. Boucher
d'Argis ; car, immédiatement, il parle d'un avocat
nommé Corbin, auteur du *Traité des droits de patronage*,
qui, à l'âge de *quatorze ans*, plaidait au Parlement de
Paris ; et cet avocat était contemporain de Pierre
Corneille. De mon côté, sans faire de grandes recherches
sur un point si peu controversé, je trouve que Claude
Erard, avocat célèbre, dont plusieurs plaidoyers ont
été recueillis dans le *Barreau français*, né en 1646, fut
reçu au serment d'avocat le 24 avril 1664, c'est-à-
dire à 18 ans (1). Pierre Corneille pouvait donc, en
1625, être déjà avocat depuis quelque temps. Maintenant je sors des hypothèses, et j'affirme qu'à cette
époque il était, depuis un an, inscrit sur le tableau
de l'ordre. Ma preuve est sans réplique ; elle résulte
de l'acte authentique de sa prestation de serment,
extrait des minutes de la grand'chambre du Parlement
de Normandie. Cet acte, que j'avais en vain cherché
précédemment pour M. P.-A. Corneille, professeur
d'histoire au collége de cette ville, un heureux hasard
me l'a fait découvrir il y a peu de jours. Au milieu
des ennuis d'une recherche fort étrangère à Corneille,

______

(1) Notice sur Claude Erard, tome 1ᵉʳ *Barreau Français*,
page 325.

son nom est venu tout-à-coup frapper mes yeux et raviver ma patience. Pourquoi ne l'avouerais-je pas? je me suis senti heureux et fier de trouver le nom de Corneille inscrit sur un de ces vieux registres confiés à ma garde. Il m'a semblé piquant de voir ce grand nom confondu parmi tant d'autres noms obscurs. Je me suis représenté mon prédécesseur, le *greffier pacifique*, comme disait Boileau en parlant de son père, je me le suis représenté écrivant ce nom sur sa feuille d'audience, et l'écrivant sans trouble, sans émotion, sans pressentiment, d'une main ferme et assurée, dans les mêmes dimensions, avec les mêmes caractères, comme il en aurait écrit un autre, en un mot, comme il venait d'écrire celui de *maître Guillaume Robinet*, licencié, qui (le registre en fait foi), prêta serment comme avocat le même jour que Pierre Corneille, et quelques instants avant lui. Ces deux noms là ne devaient pas courir long-temps même fortune.

Il est temps de rapporter cet acte ; le voici :

« Du mardy xviiie jour de juing mvicxxiiii,

« Me Pierre Corneille, licentié ès loix, après que

« par ordonnance de la court a esté informé d'office par

« les conseillers commissaires à ce députéz, de sa vie,

« mœurs, actions, comportementz, religion catholicque,

« apostolicque et romaine ; oy sur ce le procureur-

« général du Roy, et de son consentement, a esté reçeu

« advocat en la dicte court, et a fait et presté le

« serment en tel cas requis et accoustumé ».

Le 18 juin est la date de ce jour. Ainsi, ce fut, il y a précisément aujourd'hui 206 ans, que Pierre Corneille parut à la grande audience du Parlement, dans cette chambre dorée où la Cour d'assises tient aujourd'hui ses séances, et prêta serment, en qualité d'avocat, dans les mains de M. Alexandre de Faucon, premier président.

Si donc, comme l'assure M. Taschereau, Pierre Corneille obtint du Roi, en 1627, des lettres de dispense d'âge, il est bien certain, maintenant, que ce ne fut pas, comme il le dit, pour exercer la profession d'avocat, et il n'est pas difficile de conjecturer à quelle fin il les obtint. Personne n'ignore qu'il exerça quelque temps les fonctions d'avocat du Roi à la Table de Marbre. Or, l'ordonnance de Blois, qui exigeait que les juges fussent âgés de 25 ans accomplis, s'étendait aux avocats du Roi. Le parlement de Rouen, surtout, l'avait ainsi expressément décidé (1); mais on obtenait facilement du Roi des lettres de dispense d'âge, et le Parlement admettait ceux qui en étaient munis. Si donc P. Corneille obtint, en décembre 1627, des lettres de cette nature, c'était évidemment pour exercer les fonctions d'avocat du Roi à la Table de Marbre. Nul doute, en effet, que si P. Corneille fut reçu, en décembre 1627, avocat du Roi près cette juridiction, ce ne put être qu'en vertu

______

(1) Collection de décisions nouvelles, par Camus et Bayard; V° *Avocat du Roi.*

de lettres de dispense d'âge , puisqu'il n'était âgé alors que de 21 ans, et que la loi exigeait 25 ans accomplis.

On me pardonnera ces longs détails à propos d'une date, si l'on veut bien considérer que nous ne savons presque rien sur les premières années de P. Corneille ; et ces premières années de notre grand poète ne sont pas sans intérêt pour nous, puisqu'il les passa dans notre ville. D'ailleurs, en établissant que P. Corneille n'avait que 18 ans lorsqu'il fut reçu avocat, il m'a semblé que la date assignée, par Fontenelle, à la première représentation de Mélite, devenait beaucoup plus probable. Cette pièce , premier essai de sa muse, ne fut certainement représentée qu'après son admission au barreau. M. Taschereau , persuadé que cette admission n'avait eu lieu qu'en 1627, n'en était que plus disposé à reculer jusqu'en 1629 la première représentation de Mélite. Le voilà maintenant réduit au témoignage des frères Parfait, dans leur *Histoire générale du Théâtre français* , ouvrage où les erreurs et les inexactitudes ne sont pas rares. Sans vouloir discuter ce point, je me sens porté à admettre un fait qui ne peut qu'honorer Corneille , puisqu'il serait une preuve de la précocité de son génie. J'aime à me persuader que Fontenelle, en fixant à l'année 1625 la première représentation du premier ouvrage de son oncle, pourrait bien avoir eu raison.

Je ne terminerai point cette notice sans réclamer contre une expression de M. Taschereau qui blesse ma vive admiration pour notre immortel compatriote. *Corneille*, dit-il, *de mauvais avocat devint poète immortel* : M. Victorin Fabre, auteur d'un bel éloge de Corneille, auquel l'Académie française a décerné une palme bien méritée ; M. Victorin Fabre avait, le premier, parlé ainsi dans la *Biographie universelle* (1). Je n'aime pas cette expression appliquée à un si grand génie. Fils d'un maître particulier des eaux et forêts, qui voulait le voir parvenir aux plus grands honneurs dans une carrière où, sans doute, il était entré par choix, il ne paraît pas que P. Corneille ait jamais goûté ces projets paternels. Dès l'école, sans doute, ce jeune homme, légiste malgré lui, comme tant d'autres, pressentait quelque chose de plus grand, de plus satisfaisant pour son esprit et pour son cœur, que des *avaries et des délits forestiers* (2). Reçu avocat en 1624, comme nous venons de le voir, il est permis de supposer que rarement *il balaya de sa robe à longs plis* notre salle des Pas-Perdus.

Je croirai donc que Corneille se fit recevoir avocat par obéissance, ne plaida guère, ou même ne plaida pas ; je croirai que, nommé, par les soins de son père, avocat du Roi à la Table de Marbre, il revêtit la toge par résignation ; et que bientôt son génie se

---

(1) A l'article *Corneille* (*P.*)

(2) Matières dont s'occupait la Juridiction dite *Table de Marbre*.

déclarant chaque jour par des productions bien supérieures à tout ce qu'on admirait alors, il dit de bon cœur un éternel adieu au palais. Mais la qualification flétrissante de *mauvais avocat* ne peut être appliquée à celui qui, sans doute, n'eut jamais le dessein de rester au barreau, qui n'y parut que par condescendance pour un père, et abandonna bientôt cette carrière pour s'élancer vers des destinées plus hautes. Non, je ne croirai jamais qu'il eût été un *mauvais avocat*, celui dont le génie était si vaste et l'ame si chaleureuse, celui qui mit des paroles si éloquentes dans la bouche des héros de la Grèce et de Rome !

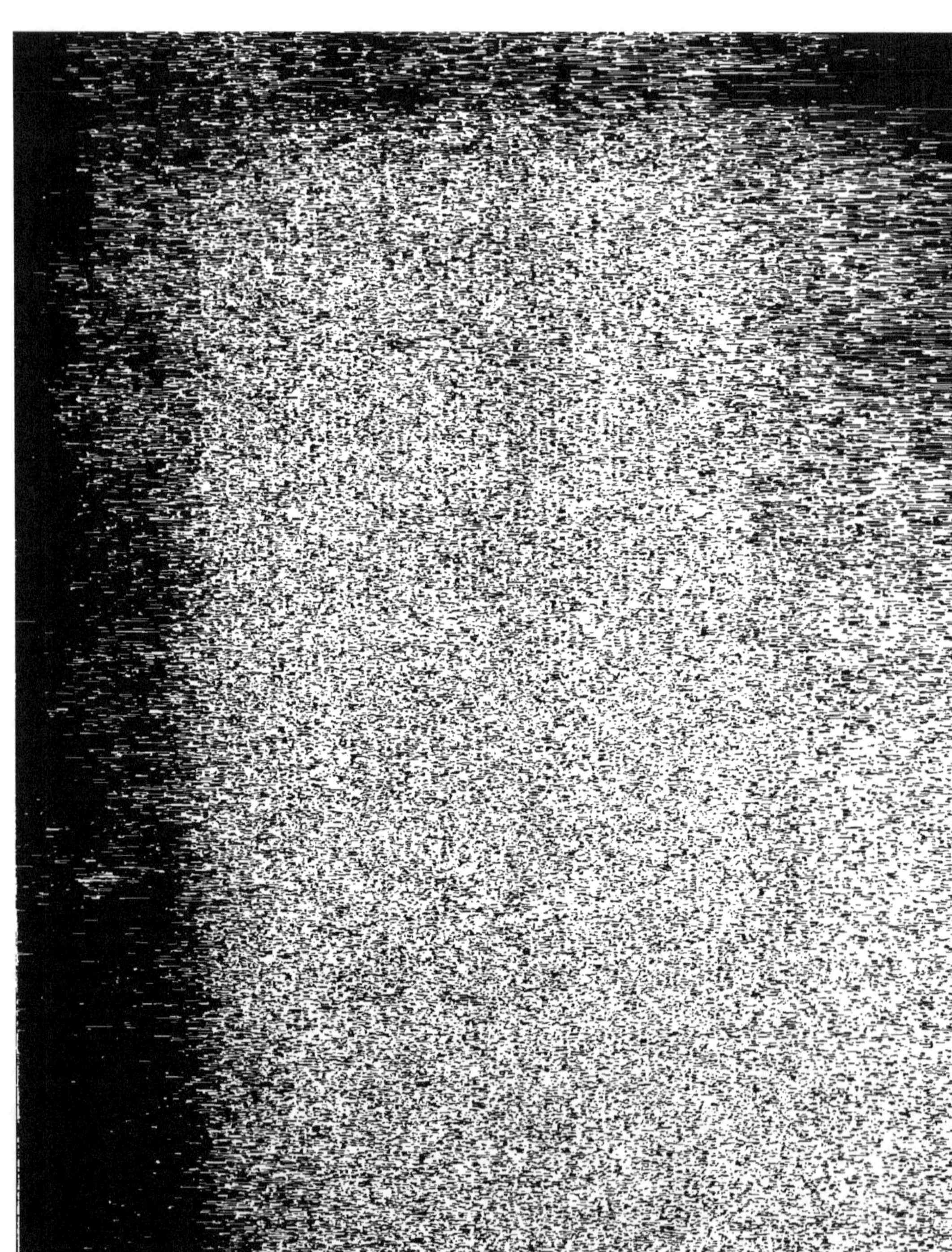